AF262464

DISCOURS

SUR LES VICES

DE LA

CONSTITUTION ANGLAISE,

PRONONCÉ PAR J.-CH. LAVEAUX,

Dans la Séance du premier Pluvios, l'an deux de la République Française.

IMPRIMÉ PAR ORDRE DE LA SOCIÉTÉ.

UN grand malheur pour l'espéce humaine, c'est que presque toutes les Sociétés civiles que nous connoissons tirent leur origine de la barbarie ou de l'ignorance. De cette source impure sont sorties une multitude prodigieuse d'institutions qui ont fait le malheur des peuples;

et que cependant l'habitude d'une longue suite de siécles, jointe à l'ambitieuse astuce des ennemis de l'humanité, a consacrées comme des choses respectables , et quelquefois même , comme des choses inhérentes à la nature des sociétés civiles.

Du nombre de ces institutions, sont ces deux espèces de tyrannies connues sous le nom de monarchie ou d'aristocratie : tyrannies sous lesquelles ont gémi, plus ou moins, les peuples anciens ou modernes que nous connoissons, jusqu'au moment où le flambeau de la raison a fait retrouver les droits de l'homme , vrais et uniques principes de la liberté des nations.

Tous les peuples primitifs qui se contentoient du produit de leurs troupeaux, vécurent d'abord libres et égaux, sans superstition et sans maîtres. La superstition naquit chez eux avec les richesses; elle enfanta la tyrannie. Alors on vit paroître des chefs qu'ils se choisirent d'abord, et auxquels ils obéissoient librement ; ensuite des chefs héréditaires; puis des hommes qui se croyoient au-dessus de leurs semblables ; soit parce qu'ils se disoient les fils des dieux ; soit parcequ'ils servoient les chefs dans leurs passions tyranniques , ou que leurs pères les avoient servis. Ainsi s'établirent les distinctions héréditaires; ainsi s'établirent les nobles et les rois; ainsi s'établirent , à côté de chaque peuple, deux monstres toujours prêts à les dévorer, et dans la gueule desquels l'ignorance et la superstition les jettèrent tour-à-tour , pendant une longue suite de siècles.

La liberté naturelle s'oublia peu-à-peu; et à cet égard, les Peuples de l'Europe qui se vantent de leur civilisation et de leurs lumières , se sont toujours enfoncés de plus en plus dans les ténèbres , et sont devenus infiniment plus barbares que les peuples anciens auxquels il leur a plu de donner ce nom.

Au milieu de ce balottement continuel des peuples entre ces deux tyrannies, on vit se former en Angleterre le plus bizarre des gouvernemens; un gouvernement composé de ces deux tyrannies combinées, jointes à une ombre de l'autorité populaire.

On crut par là mettre des bornes aux tyrannies monarchique et aristocratique; causes évidentes de tous les maux, on ne fit que les affermir et les rendre plus dangereuses et plus funestes.

Une suite singulière de circonstances établit en même temps ces trois pouvoirs à côté l'un de l'autre; le peuple Anglais se crut libre, parcequ'il servoit d'instrument tantôt aux nobles pour humilier le roi, tantôt au roi pour abaisser les nobles.

L'action et la réaction continuelle de ces trois pouvoirs qui se combattent sans cesse, qui s'abattent quelquefois l'un ou l'autre, sans pouvoir se détruire entièrement, fut regardée par les peuples esclaves, comme un chef-d'œuvre de gouvernement, parce qu'ils y voyoient une ombre des droits de l'homme, après lesquels ils soupiroient en secret. On donna à cette oscillation perpétuelle le nom d'*équilibre* ou *balance*; et lorsque, sous nos derniers tyrans, la liberté fut entièrement disparue, nos publicistes firent un éloge pompeux du gouvernement anglais, ou plutôt, ils ne firent en cela, que la satyre du gouvernement Français; de même que Tacite, qui n'affecta de louer les mœurs des Germains barbares, que pour faire abhorrer, par la comparaison, les mœurs corrompues des Romains.

Jettons un coup-d'œil sur ce gouvernement ; examinons les bases sur lesquelles il est posé, et voyons ce que c'est que cette prétendue balance des pouvoirs dont on fait tant de cas ; voyons ce que c'est que cette liberté si vantée.

Le peuple, c'est-à-dire, la totalité des citoyens, le peuple est sans contredit l'objet du gouvernement ; car le gouvernement doit toujours tendre au plus grand bonheur de tous.

Dès que le gouvernement tend à l'avantage d'un seul ou de quelques-uns seulement, au détriment de tous les autres, il est essentiellement vicieux. Les malheurs du peuple, dans tous les gouvernemens, sont toujours venus de ce vice. Dans la tyrannie monarchique, l'intérêt d'un seul a toujours produit l'oppression du peuple ; dans la tyrannie aristocratique, l'intérêt particulier des gouvernans a toujours étouffé le bonheur des gouvernés. La monarchie et l'aristocratie sont donc des gouvernemens essentiellement mauvais ; puisqu'ils sont la source de tous les maux qui, dans tous les siècles, ont pesé sur la masse des peuples : et je ne comprends pas comment deux pouvoirs essentiellement mauvais, peuvent entrer dans la composition d'un bon gouvernement.

Les partisans du gouvernement Anglais me diront, sans doute, que le gouvernement populaire ou démocratique a aussi des vices essentiels ; qu'aisément il tombe dans le gouffre de l'anarchie où s'éteint la liberté ; et ils croiront pouvoir appuyer leur assertion sur l'histoire de ce qu'ils appelleront des Républiques démocratiques.

(5)

Mais qu'ils me prouvent qu'il exista jamais une République vraiment démocratique ! Qu'ils me montrent comment pourroit se perdre, par le vice dangereux dont ils me parlent, une grande Nation gouvernée par des loix uniformes , composée uniquement de citoyens égaux , entièrement purgée du venin des distinctions héréditaires, du poison de la superstition et du fanatisme , dégagée de la rage de la domination , sans sujets comme sans esclaves , abhorrant également de souffrir et d'imposer le joug , respectant la liberté dans tous les hommes , comme une chose sacrée , regardant tous les hommes comme des frères , et brûlant de partager avec eux son bonheur. C'est lorsqu'ils auront prouvé que cette Nation vraiment libre , gouvernée par des principes vraiment démocratiques , pourroit , après avoir goûté les délices de cet état sublime , dégénérer , s'avilir, se corrompre , souffrir jamais ou demander des fers : c'est alors seulement que leur assertion pourra paroître digne de quelque réponse : c'est alors qu'un républicain leur répondroit encore : *qu'il aime mieux une liberté orageuse qu'un esclavage tranquille* (1).

Mais si les amis de la tyrannie ne m'apportent pour preuve des vices de la démocratie , que des républiques qui ont usurpé ce nom , que des fermentations causées dans leur sein, par les restes impurs de la noblesse ou de la royauté , que des chocs violens entre le peuple et ces deux hydres mal écrasées ; s'il ne me citent que des fermentations excitées par le fanatisme , que des

____

(1) Malo periculosam libertatem quam quietum servitium.
TACIT.

A 3

malheurs causés par des lois ou des usages étrangers
à l'esprit de la vraie démocratie ; je dirai toujours que
tous ces vices ne viennent que de la tyrannie monarchique ou aristocratique, dont les restes ont plus ou
moins corrompu les Républiques ; je dirai toujours
que, dans toutes les constitutions possibles des peuples, il
n'y a de mal que ce qui émane de ces deux pestes de la
société ; je dirai toujours qu'il n'y a de bien que ce qui
vient du peuple ; je dirai que la véritable démocratie
est pure comme l'or, lorsqu'il est dégagé de toute
les matiéres étrangères.

Dans tout gouvernement vicieux ou corrompu, deux
choses frappent d'abord : le pouvoir d'un seul ou de
plusieurs écrasant la liberté du peuple, et le peuple
toujours assez fort, s'il le veut, pour réprimer ce pouvoir, ou l'anéantir entièrement. D'un côté, c'est la source
de tout mal politique qui pèse sur le bien ; de l'autre,
c'est la source éternelle et toute puissante du bien qui
peut anéantir le mal.

Dans cette position, le seul parti qu'indique la raison,
c'est que le peuple cherche tous les moyens possibles
d'anéantir la tyrannie. Les Anglais entraînés par les circonstances, ont agi différemment. Ils ont rassemblé toutes
les forces de chacune des deux espèces de tyrannie ; ils
les ont opposées entr'elles ; et plaçant entre ces deux
maux destructeurs, le peuple enchaîné à l'une et à l'autre,
ils lui ont laissé quelque liberté de mouvemens, pour
résister successivement à celui dont le poids paroîtroit le
plus insupportable mais sans jamais pouvoir en écraser
aucun. Idée bizarre, qui enchaîne le bien entre deux
maux toujours actifs, le peuple entre ses deux mortels en-

nemis , et qui semble ne mettre quelques bornes à leurs
excès, que pour mieux assurer la durée de leur existence, et les empêcher de se détruire par des chocs
trop violens !

La Constitution Anglaise réunit, sous le nom de Parlement, un roi héréditaire, une assemblée de nobles héréditaires et de prêtres distingués par leurs emplois reli-
gieux, et une assemblée de prétendus représentans du
peuple. C'est à ce parlement qu'est confiée la puissance
législative. La proposition d'une loi se fait dans l'assemblée des représentans du peuple, que l'on nomme la
chambre des communes ou la *chambre basse*. Cette proposition est adoptée ou rejetée par la chambre des nobles, que l'on nomme chambre des pairs, ou *chambre
haute*; enfin, après avoir été adoptée dans la chambre
des nobles, elle ne prend force de loi que par le consen-
tement du roi, qui a le droit de l'approuver ou de la
rejetter.

Le roi qui concourt si éminemment au pouvoir législatif, qu'aucune loi ne peut être faite sans son consente-
ment, et que son refus en détruit totalement l'établisse-
ment et l'effet, le roi possède encore, dans son entier, le
pouvoir exécutif. Il fait la paix et la guerre ; il donne les
emplois militaires, civils et ecclésiastiques ; il contracte
des alliances avec les nations étrangères, et fût-il le plus
cruel des tyrans et le plus perfide des hommes, la loi ne
voit en lui que perfection et justice : la constitution l'a
déclaré inviolable, et le poids de la vindicte nationale ne
peut retomber que sur ses agens.

Tel est l'assemblage monstrueux de pouvoirs que l'on
nomme *constitution d'Angleterre*. Il suffiroit de l'exposer

A 4

à des republicains pour la leur faire abhorrer; réfutons les principaux argumens employés à la défendre, pour ceux qui n'ont pas l'habitude ou le courage de penser par eux-mêmes.

« Il y a toujours dans un état », dit Montesquieu, le plus grand prôneur de la constitution anglaise, » il y a toujours dans un état, des gens distin-
» gués par la naissance, les richesses ou les honneurs;
» mais s'ils étoient confondus parmi le peuple, et s'ils n'y
» avoient qu'une voix comme les autres, la liberté com-
» mune seroit leur esclavage, et ils n'auroient aucun in-
» térêt à la défendre; parce que la plupart des résolu-
» tions seroient contre eux. La part qu'ils ont à la légis-
» lation doit donc être proportionnée aux autres avan-
» tages qu'ils ont dans l'état, ce qui arrivera s'ils for-
» ment un corps qui ait droit d'arrêter les entreprises du
» peuple, comme le peuple a droit d'arrêter les leurs.

» Ainsi la puissance législative sera confiée au corps
» des nobles, et au corps qui sera choisi pour représen-
» ter le peuple, qui auront chacun leurs assemblées
» et leurs délibérations à part, et des vues et des inté-
» rêts séparés. »

J'observerai d'abord que Montesquieu suppose ici ce qui est en question. Il ne s'agit pas de savoir s'il y a, dans un état, des gens distingués par la naissance, les richesses et les honneurs; mais il s'agit de savoir si ces distinctions doivent exister dans un état bien constitué. Raisonner ainsi, c'est supposer la nécessité du vice, pour avoir le prétexte d'en assurer l'existence, et de l'organiser comme la vertu.

Ces sortes de distinctions sont, dans les états, des vices

liberticides qu'il est nécessaire d'extirper. Les distinctions de la naissance sont un reste de barbarie, l'excès de de la démence et de la tyrannie. Les richesses ne peuvent être une distinction que par la suite des mauvaises lois. Elles étoient méprisées à Sparte, et la pauvreté y étoit en honneur ; et même sous la tyrannie de nos derniers despotes, il existoit des professions avilies dans l'opinion, dont les richesses ne relevoient point la considération.

La distinction des honneurs n'est pas plus nécessaire à un état, que celle de la naissance et des richesses ; et s'il est établi, par une bonne constitution, contenue par la force de l'opinion populaire, s'il est bien établi qu'il n'y a d'honneur qu'à bien servir le peuple ; si les emplois les plus importans de la république passent successivement d'un individu à l'autre, et que ces individus rentrent tous dans la grande et unique classe ; si enfin il n'y a rien dans un état au-dessus des droits généraux des citoyens ; je n'entends pas ce que veut dire Montesquieu, par ces honneurs qu'il prétend se trouver toujours dans les états.

De l'existence supposée nécessaire de ces hommes distingués, Montesquieu conclut qu'ils doivent avoir, dans la législation une plus grande part que les autres. Principe absurde qui donneroit toujours plus à celui qui a déjà trop, et qui tend à augmenter la tyrannie au lieu de la réprimer !

L'objet de toute association civile, c'est le bonheur de tous ; ou plutôt c'est la dispensation la plus juste possible, du bonheur dont une nation en masse soit susceptible, sur chaque individu de cette nation. D'où il s'ensuit que si ces distinctions étoient nécessairement établies, elles donneroient, dans l'ordre politique, un droit à celui qui en seroit privé : le droit d'être dédommagé par la loi, de cette privation. Je soutiens donc que celui qui seroit exclu de ces distinctions, auroit plus de droit de participer à la législation, que celui qui jouiroit de ces distinctions ; car le vrai but de la loi, c'est de réparer les injustices du sort et les erreurs de la fortune ; c'est, en un mot, d'établir, autant qu'il est possible, l'égalité entre les citoyens.

Ainsi, quand même on ne pourroit détruire entièrement ces distinctions odieuses ; ce seroit la plus extravagante des opérations de former de ceux qui en jouiroient, un corps destiné à s'opposer aux entreprises du peuple, en laissant au peuple le droit de s'opposer aux siens ; c'est comme si l'on formoit un corps d'hommes pestiférés, en leur donnant le droit de corrompre les hommes sains ; et laissant à ces derniers le droit de s'opposer aux progrès de la peste. Non, il faut détruire la peste ; et la peste, ce sont les distinctions.

Une bonne constitution doit tendre à établir la paix au dedans comme au dehors. Mais quel moyen d'établir la paix au dedans, que celui de diviser la société civile en deux corps, et de leur donner des vues et des intérêts séparés ! Quel moyen pour fondre tous les intérêts particuliers dans l'intérêt commun, que celui de former deux partis, de les armer l'un contre l'autre par des passions contraires, et de les lâcher ensuite dans une étroite arêne ! Assurément, la Discorde elle-même, soufflée par les Furies, n'auroit pu imaginer une constitution plus propre à perpétuer les malheurs de l'espèce humaine.

Peuple Anglais, peuple fier et généreux, rappelle-toi comment tes premiers nobles ont acquis, sur le sol de tes pères, les distinctions dont ils se servent aujourd'hui pour se placer au-dessus de toi ! Rappelle-toi ce Guillaume, dit le *Conquérant*, et que tu devrois appeller le *Brigand* ; rappelles-toi ce féroce tyran, qui, avec une horde d'étrangers, s'empara d'une partie de ton isle ; extermina, chassa ou déposséda tous les propriétaires, livra leurs possessions aux compagnons de ses brigandages, et réduisit ce qu'il dédaigna d'exterminer à un supplice pire que la mort: à la honte de la servitude. Voilà l'origine de la plupart de tes grands, de tes Lords les plus distingués. Les grands biens qu'ils possèdent ont été ravis à tes ancêtres, par la force, par l'assassinat ; et tu souffres que ce fruit du brigandage devienne un titre pour mettre des bornes aux droits que tu as reçus de la nature !

Reportes ton imagination au temps de ces horreurs ; supposes, pour un instant, que ces monstres, les mains dégoutantes du sang de tes pères, sur le champ qu'ils leur ont ravi, te proposassent de former avec toi une association politique, et qu'ils te demandassent une part d'autant plus grande à la législation, à proportion des brigandages qu'ils auroient commis ; peuple Anglais, dis ! comment recevrois-tu cette proposition de la part de tes assassins, de tes oppresseurs, de tes tyrans ? Comment regarderois-tu ces propositions, sinon comme un traité infame avec les assassins de tes pères et de tes frères, avec les ravisseurs de tes biens, avec les oppresseurs de ton pays ?

Eh bien ! ce qui seroit vrai alors, est encore vrai aujourd'hui ; ce qui , à cette époqne , te paroîtroit une proposition horrible , est un des premiers principes de ta constitution.

C'est cette distinction entre le peuple et les grands ; entre le peuple, toujours opprimé , toujours dépouillé , toujours vertueux; et les grands, artisans perpétuels d'oppressions , de vices et de tyrannie ; c'est cette distinction entre une chambre haute et une chambre basse ; distinction qui ne semble admise que pour te flatter par l'ombre d'un vain pouvoir , afin de te mieux attacher à l'humiliation sous laquelle te courbe cette absurde constitution ; c'est cette distinction qui , établissant les grands et un roi législateurs perpétuels , ne te laisse que le droit d'envoyer quelques représentans temporaires , qu'un seul homme peut appeller , conserver ou renvoyer à son gré.

Quand j'ai dit que le peuple avoit le droit de se nommer des représentans dans le corps législatif, je me suis mal expliqué ; ce n'est pas le peuple , ce sont les riches. Le peuple n'est rien. S'il ne possède point d'or , il n'a pas plus de part au gouvernement, que les îlotes de Sparte, que les esclaves d'Athènes et de Rome ; et si les lois ne le plongent pas toujours dans le dernier degré d'avilissement et de misère , il ne le doit point au respect de ses droits ; mais au besoin qu'ont ses tyrans de ses bras et de son industrie.

Le seul moyen de se procurer en Angleterre les droits de citoyen , c'est de se procurer de l'or , fût-ce même en esquivant adroitement les rigueurs de la justice.

Pour concourir à nommer les prétendus représentans du peuple ; il faut avoir un revenu en fonds de terres ; pour jouir du droit de représenter ce qu'on appelle le peuple, il faut jouir de treize à quatorze mille liv. de rentes.

Institution immorale, qui accorde tout à l'or et rien à la vertu ! institution barbare, qui ravit l'existence politique aux citoyens les plus respectables, à ceux qui luttent courageusement contre le malheur et l'infortune ! institution pestilencielle, qui souffle dans le cœur de tous la soif de l'or, et qui détruiroit bientôt jusqu'aux dernières racines de la vertu ; si jamais la vertu pouvoit être extirpée du milieu d'un peuple !

Ainsi, la pauvreté rend l'Anglais esclave, malgré la nature, qui l'a fait naître libre ; ainsi, Socrate, qui quelquefois n'avoit pas de quoi acheter un manteau, n'auroit pu, s'il étoit né à Londres, ni représenter le peuple Anglais, ni concourir à la nomination d'un représentant ; et le juste Aristide auroit été rejetté même de la chambre basse, à moins qu'il n'eût consenti à échanger le bonheur et la gloire de ses vertus, contre une partie des richesses de son parent Callias.

De ce principe absurde naissent une multitude d'autres vices. La considération n'étant attachée qu'aux richesses, tous les cœurs sont ouverts à la corruption, et une liste civile énorme, jointe à la distribution d'une multitude d'emplois et de distinctions, fournissent au roi des moyens infinis de satisfaire la cupidité de tous ceux qu'il veut corrompre. Il arrive de-là que tout est vénal, et celui qui élit et celui qui est élu ; de sorte, qu'en dernière analyse, la législation n'est qu'un agiotage continuel de corruptions, dont le parlement est la grande bourse, et le roi le maître banquier.

Mais en supposant encore que les distinctions de la naissance, des richesses et des honneurs fussent utiles, en supposant qu'il fût utile d'éloigner des délibérations les hommes auxquels le hasard, la fortune ou le caprice les ont refusées; en supposant que, malgré le vice inhérent en Angleterre au droit d'éligibilité et d'élection, la corruption respectât les électeurs et les élus; je n'en dirois pas moins que la constitution anglaise n'est qu'un assemblage bizarre d'institutions barbares, destinées plutôt à préserver la tyrannie des excès qui peuvent la détruire, qu'à établir la liberté sur des fondemens certains; je n'en dirois pas moins que ce qu'on y appelle la liberté du peuple, ne sont que des hochets que jette la tyrannie, à la vanité de ceux qu'elle redoute, pour les amuser pendant qu'elle rive les fers de l'esclavage.

En effet, n'est-ce pas une véritable dérision que ce droit de délibérer sur les affaires publiques, lorsqu'un seul homme peut, d'un seul mot, arrêter les délibérations, et dissoudre l'assemblée délibérante? N'est-ce pas une dérision que le droit de faire des lois, lorsque ces prétendues lois, ne deviennent réellement telles, que lorsqu'elles ont été acceptées par l'aristocratie, et confirmées par l'autorité absolue d'un monarque? N'est-ce pas une véritable tyrannie, une tyrannie plus absurde que celle des monarchies, que l'on nomme absolues, que ce droit du tyran de changer ses conseillers parlementaires, jusqu'à ce qu'il en ait trouvé d'assez vils pour lui proposer les choses qu'il veut ordonner *selon son bon plaisir?*

Le droit dont jouit le roi, de dissoudre à son gré le parlement, réduit ce corps politique aux mouvemens d'un automate dont on brise, comme on veut, les

ressorts : il me semble voir Brioché qui arrange les fils
de ses marionnettes, jusqu'à ce qu'ils produisent l'effet
qu'il en desire.

Et puis, qu'est-ce que trois pouvoirs se balançant
continuellement, agissant continuellement l'un sur
l'autre, et tendant sans cesse à un équilibre qu'il est
impossible d'obtenir? sinon une machine inventée pour
perpétuer l'anarchie, en modérant seulement un peu
ses convulsions, au milieu du danger continuel
qu'un des deux pouvoirs despotiques n'emporte en
un instant la balance, ne brise l'artificieuse machine, et ne répande par-tout la confusion et le dé-
sordre.

Si j'avois besoin de faits pour appuyer ce que j'avance,
je les trouverois à toutes les pages de l'histoire d'Angleterre. Dans aucune histoire, on ne trouve une suc-
cession aussi rapide de divisions, de troubles, de sé-
ditions, de guerres civiles, de meurtres, de désolations
et de carnage ; dans aucune histoire, on ne trouve autant
de sang versé, et versé plus inutilement pour l'affermisse-
ment de la paix et du bonheur ; dans aucune histoire,
les efforts d'un peuple énergique, soutenus pendant
des siècles, n'ont aussi peu avancé le bonheur de la
nation et de la liberté publique : toujours le sang coule
pour obtenir l'exécution des loix violées, et après la
paix les loix sont violées de nouveau, et la guerre re-
commence pour finir de la même manière, et recom-
mencer encore, sans qu'on obtienne des succès plus so-
lides.

Sous le despotisme féodal établi par Guillaume le
conquérant, le peuple ne dut quelqu'adoucissement

à son sort, qu'à la jalousie et aux craintes que l'autorité du monarque inspiroit aux barons, et les barons ménagèrent le peuple, pour l'opposer au roi, ils en firent l'instrument de leur jalousie, de leurs intérêts et de leurs vengeances. Depuis son règne jusqu'à celui de Jean Sans-terre auquel on arracha cette grande chartre, presque toujours réclamée et toujours violée, le sang du peuple coula sans cesse pour les barons qui tenoient encore ce peuple dans la servitude de la glèbe, et se seroient crus avilis en l'admettant dans leurs assemblées.

Cette grande chartre établit quelques principes de liberté populaire ; mais Jean l'eut à peine signée, qu'il refusa de l'exécuter ; et depuis lui, jusqu'à nos jours, il n'y a point de roi d'Angleterre qui ne se soit fait un devoir de la violer, toutes les fois qu'il l'a pu sans danger ; il n'y en a pas un dont le règne ne soit, à cet égard, une suite de sermens et de parjures : preuve certaine que les rois ne savent point tenir leur parole ; qu'ils font le mal par leur penchant naturel, et le bien par force.

Le peuple, caressé tantôt par les grands, tantôt par le roi, obtint enfin, comme une grace, le droit d'envoyer à l'assemblée des barons des représentans, qui pouvoient faire des remontrances. Bientôt la puissance exorbitante des barons, qui rivalisoit l'autorité royale, engagea les rois à augmenter l'autorité des députés du peuple ; et c'est ainsi qu'il acquit peu-à-peu quelques priviléges à l'ombre de ses tyrans, et au prix du sang qu'il versoit pour un ou pour les autres.

Les guerres interminables qui s'élevèrent entre différentes races de tyrans, pour s'arracher la couronne

d'Angleterre, produisirent une longue suite de troubles
et de désolations, au milieu desquels les lois furent
anéanties, et les privilèges du peuple oubliés. Le despotisme le plus affreux répandit sur toute la surface de
l'Angleterre la terreur de l'esclavage, et les crimes de
la tyrannie. Les despotes de l'Angleterre surpassèrent
en atrocité les Tybère, les Caligula, les Néron ; et
ce parlement si vanté, les servit avec plus de bassesse
encore, que n'avoit fait le sénat de Rome sous ces
odieux tyrans. Cette affreuse situation dura plus d'un
siècle.

Enfin, sous les Stuarts, commença une lutte terrible entre
les prérogatives des rois, et les droits des peuples. Mal-
heureusement, la superstition fut le ressort ou le prétexte de ces guerres sanglantes ; et sous le voile de la superstition, la tyrannie reprit le sceptre qui auroit du lui
échapper. En vain les Anglais virent périr sur l'échaf-
faud un de leurs tyrans ; en vain, ils en chassèrent un
autre ; ils furent toujours repoussés sous le joug, par
l'astuce et la scélératesse des grands, par les malheu-
reuses illusions du fanatisme, par le découragement que
produisit en eux une longue suite de malheurs, dont la
cause est inhérente à la nature de leur gouvernement.

Soit donc que l'on considère la constitution anglaise
dans ses principes, soit qu'on examine les effets qu'elle a
produits, on la trouve, je ne dirai pas seulement vicieuse, mais plus vicieuse que la tyrannie simple. La
tyrannie simple, abandonnée à ses propres fureurs, se
déchire elle-même les entrailles, et finit par se détruire
elle-même ; au lieu que le gouvernement anglais, par
un rafinement extraordinaire de scélératesse, a réduit en
un affreux système, toutes les espèces de tyrannie, et

a trouvé ainsi le moyen de fasciner les peuples trop crédules, et d'amortir les causes qui tôt ou tard les ramènent à la liberté.

Mais il est une cause dont l'action brise tous les obstacles, détruit toutes les résistances, et renverse tous les faux systêmes. Cette cause, c'est l'opinion publique, éclairée du flambeau de la vérité.

Les droits de l'homme reprennent leur empire; ils sont proclamés et adoptés par la plus grande nation de L'Europe. Une Constitution vient de paroître, la première qui soit dégagée des entraves de la superstition; la première qui ait rejetté loin d'elle toutes les immondices de l'ancienne tyrannie; la première qui respecte la liberté dans toute son étendue; la première qui reconnoisse pour amis tous les hommes libres, qui ne reconnoisse pour ennemis que les bourreaux de l'humanité.

Peuple anglais, le moment est enfin arrivé de recueillir le fruit des efforts courageux de plusieurs siècles, le fruit des fleuves de sang que tu as versé pour te procurer un bonheur, qui toujours a fui devant toi comme une ombre vaine. Dans tout le cours de tes révolutions, tu as montré une énergie dont les circonstances seules et les ténèbres qui couvroient l'Europe, ont pu retarder l'influence. Les circonstances sont changées, les ténèbres se dissipent. Si, dans le temps où nous sommes, tu eusses entrepris, comme nous, une révolution salutaire; comme nous, tu l'aurois finie par l'extinction de la dernière étincelle de la tyrannie. Si nous l'eussions commencée dans le même-temps que toi, peut-être n'aurions-nous pas mieux réussi. Depuis cinq ans, nous avons marché à grand pas vers le but auquel tu tends depuis plusieurs siècles ; nous avons été plus loin , parce que nous ne nous sommes pas arrêtés. L'expérience des siècles et la lumière de la philosophie nous ont appris, que toutes les révolutions ont manqué , parce qu'elles n'ont pas été achevées ; soit que les peuples séduits par les apparences d'une paix perfide , aient eu trop de confiance dans les trompeuses promesses de leurs tyrans ; soit qu'effrayés du choc terrible d'une révolution , ils n'aient pas songé qu'il existoit des moyens d'en régler le mouvement et la marche. Nous avons su éviter tous ces écueils ; nous avons su également contenir le char de la révolution dans la route qui conduit au but; et renverser tous les obstacles qui pouvoient rallentir ou arrêter sa course. Dans cet espace de cinq ans, nous avons fait ce que n'ont pu faire les autres peuples pendant le cours de plusieurs siècles , et nous volons à la liberté pure , à la liberté solide , fondée sur les principes éternels. Notre but est commun , c'est le bonheur de l'humanité et la destruction des tyrans. La route est tracée , la massue est levée sur les monstres nos ennemis ; il est temps que nous nous donnions la main ; il est temps que nous marchions réunis pour les anéantir. Les hommes libres ne se font point la guerre , la liberté leur suffit; il n'y a que les tyrans qui aiment à faire couler le sang humain. Epargnons le nôtre et celui de nos enfans ; vengeons celui de nos pères , et que la terre ne soit plus abreuvée que du sang des ennemis de l'humanité.

De l'Imprimerie des SANS-CULOTTES, Maison ci-devant de l'Assomption, rue Saint-Honoré, N° 40.

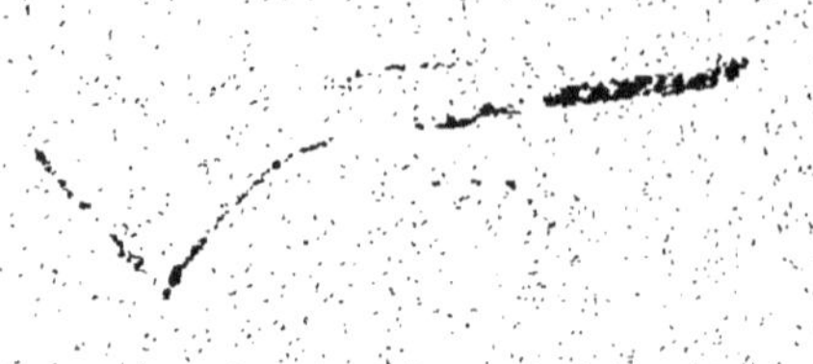